Impressum
Verlag: BABADADA GmbH, Nedderfeld 112 , 22529 Hamburg
Geschäftsführer / Verlagsleitung: Harald Hof
Druck: Books on Demand GmbH, In de Tarpen 42, 22848 Norderstedt

Imprint
Publisher: BABADADA GmbH, Nedderfeld 112 , 22529 Hamburg, Germany
Managing Director / Publishing direction: Harald Hof
Print: Books on Demand GmbH, In de Tarpen 42, 22848 Norderstedt

koulu
dibistan

luokkahuone
sef

jakaa
parkirin

186/2

taulu
texte

koulunpiha
hewşa dibistanê

opettaja
mamoste

paperi
kaxez

kirjoittaa
nivîsandin

kynä
pênivîsk

kirjoituspöytä
mase

viivoitin
rastek

kirja
pirtûk

oppilas
xwendekar

reppu
çewal

penaali
qûtî nivîstok

lyijykynä
qelemrisas

kynänteroitin
nivîstok tûjkir

pyyhekumi
jêbir

piirustuslehtiö
nivîska nîgarê

piirustus

nîgar

pensseli

firçeya rengê

vesivärit

qûtî reng

sakset

meqes

liima

lezaq

harjoituskirja

pirtûka fêrbûn

kotitehtävä

wezîfa malê

12

luku

hejmar

2+2

lisätä

zêdekirin

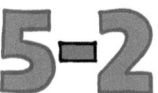

vähentää

derxistin

2×2

kertoa

zêdekirin

laskea

hesibandin

kirjain

tîp

ABCDEFG
HIJKLMN
OPQRSTU
VWXYZ

aakkoset

alfabe

sana

peyv

teksti

nivîsê

lukea

xwandin

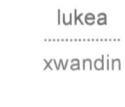

liitu

geç

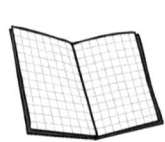

oppitunti

ders

opettajan muistikirja

qeydkirin

koe

îmtîhan

todistus

şehade

koulupuku

kinca dibistanê

koulutus

perwerdehî

sanakirja

zanistname

yliopisto

zanîngeh

mikroskooppi

mîkroskûp

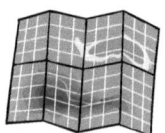

kartta

xerîte

roskakori

sepeta kaxezê

matka
rêwêtî

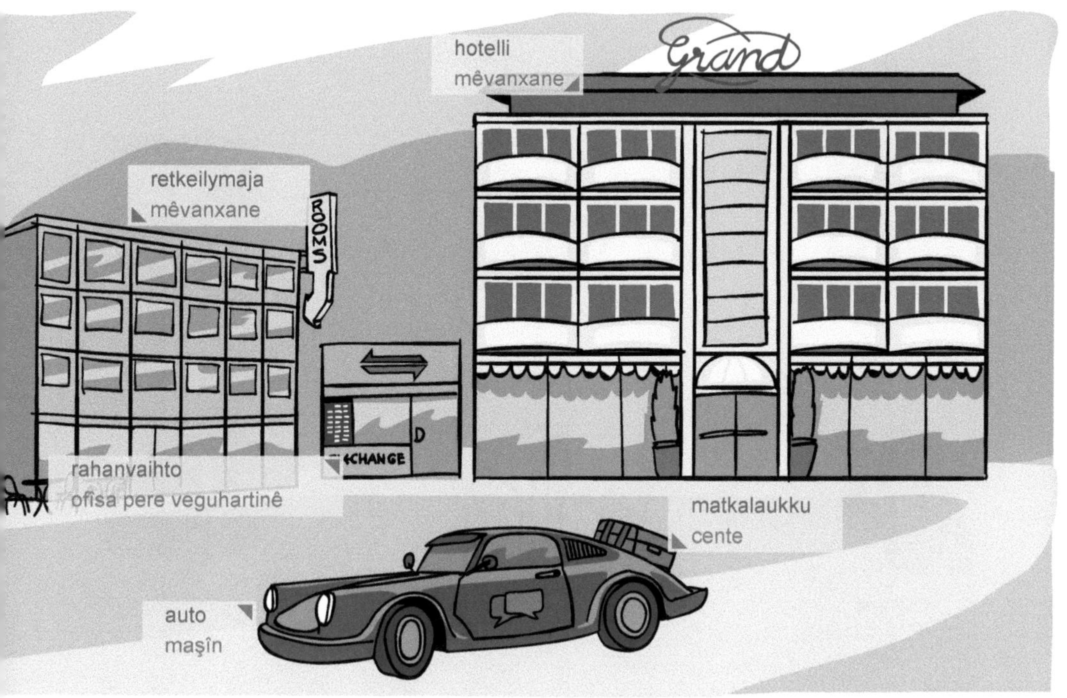

hotelli
mêvanxane
Grand
retkeilymaja
mêvanxane
ROOMS
EXCHANGE
rahanvaihto
ofîsa pere veguhartinê
matkalaukku
cente
auto
maşîn

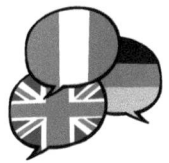

kieli

ziman

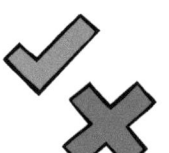

kyllä / ei

belê / na

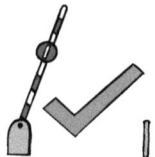

selvä

baş

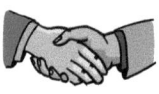

hei

silav

tulkki

wergêra nivîskî

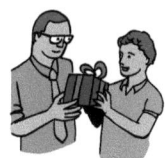

kiitos

sipas

Paljonko...maksaa?

bihayê … çi qase?

en ymmärrä

ez fam nakim

ongelma

pirsgirêk

Hyvää iltaa!

êvarbaş!

Hyvää huomenta!

beyanî baş!

Hyvää yötä!

şev baş!

näkemiin

xatirê te

suunta

alî

matkatavarat

hûrmûr

laukku

çente

reppu

çente pişt

vieras

mêvan

huone

ode

makuupussi

came xew

teltta

çadir

turisti-info

agagiyên gerokan

ranta

rexê avê

luottokortti

kartê qerzê

aamupala

taştê

lounas

firavîn

päivällinen

şîv

matkalippu

kart

hissi

asansor

postimerkki

pûl

raja

tixûb

tulli

gumirk

suurlähetystö

balyozxane

viisumi

vîza

passi

pasaport

kuljetus
guhaztin

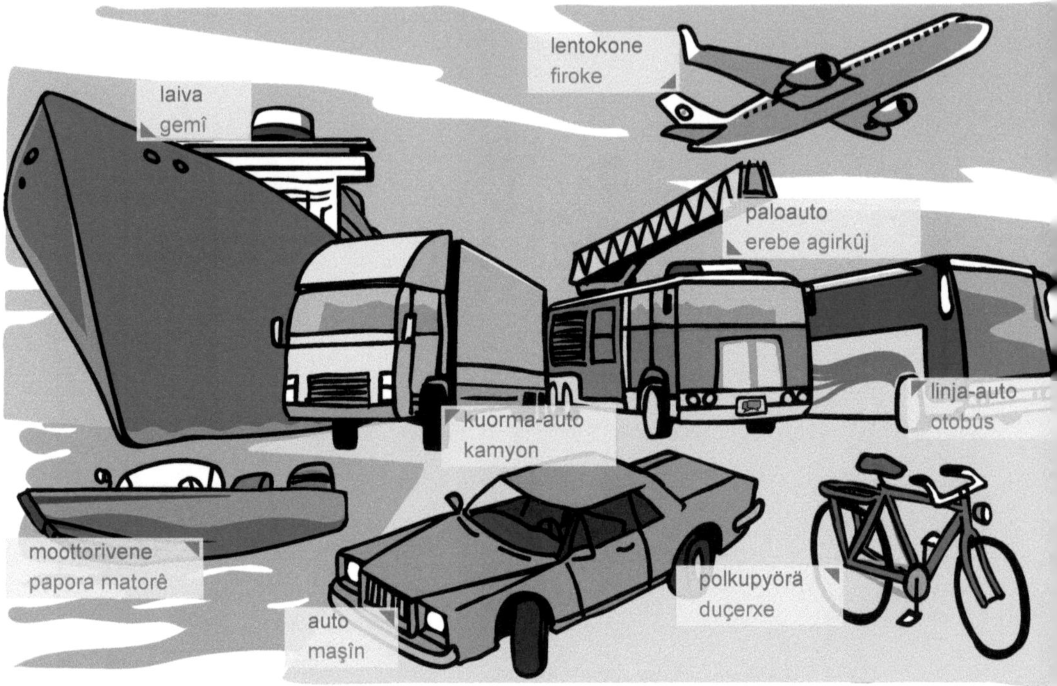

lentokone
firoke
laiva
gemî
paloauto
erebe agirkûj
linja-auto
otobûs
kuorma-auto
kamyon
moottorivene
papora matorê
polkupyörä
duçerxe
auto
maşîn

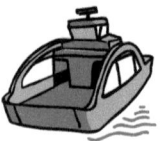

lautta

papor

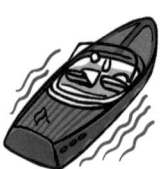

vene

papor

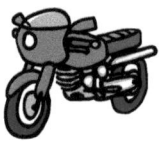

moottoripyörä

motorsîklêt

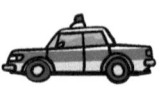

poliisiauto

trimbêla polîsê

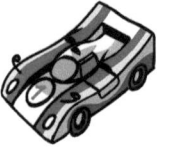

kilpa-auto

trimbêla pêşbaziyê

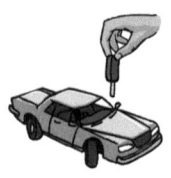

vuokra-auto

erebe kirêkirinê

car sharing

maşîn pervekirin

hinausauto

kamyona kişandinê

roska-auto

kamyona xwelî

moottori

motorsîklêt

polttoaine

mazot

huoltoasema

îstegeha benzînê

liikennemerkki

tabloya tirafîkê

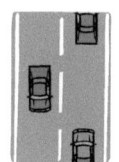

liikenne

hatinûçûn

ruuhka

tirafîk

parkkipaikka

cihê parkê

rautatieasema

rawesteka trênê

raiteet

rêç

juna

trên

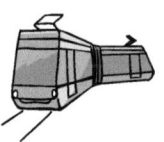

raitiovaunu

trênê kolanê

vaunu

erebe

helikopteri

babirok

lentokenttä

balafirgeh

lähilennonjohto

birc

matkustaja

misafir

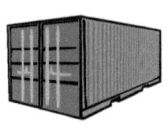

kontti

qûtî

pahvilaatikko

qûtî

kärryt

girgirok

kori

selik

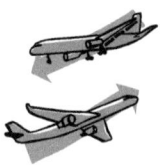

nousta / laskea

rabûn / nîştin

kaupunki

bajar

kylä

gund

keskusta

navenda bajarê

talo

xanî

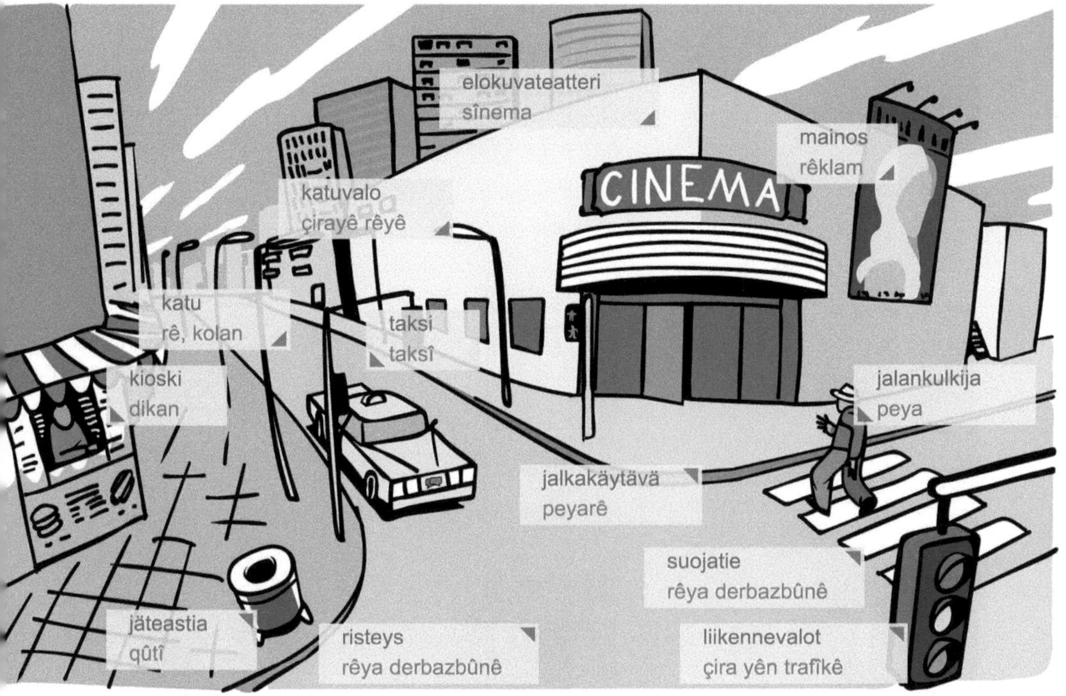

elokuvateatteri
sînema
CINEMA
mainos
rêklam
katuvalo
çirayê rêyê
katu
rê, kolan
taksi
taksî
kioski
dikan
jalankulkija
peya
jalkakäytävä
peyarê
suojatie
rêya derbazbûnê
jäteastia
qûtî
risteys
rêya derbazbûnê
liikennevalot
çira yên trafîkê

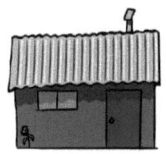

mökki

kox

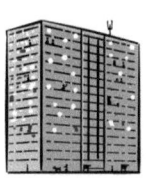

kerrostalo

xanî

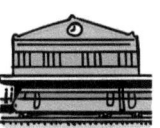

rautatieasema

rawesteka trênê

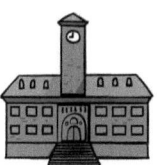

kaupungintalo

telara şarevanî

MUSEUM

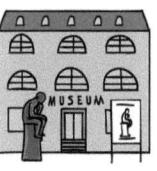

museo

mûzexane

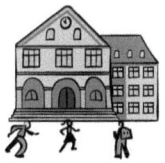

koulu

dibistan

yliopisto
zanîngeh

pankki
bank

sairaala
nexweşxane

hotelli
mêvanxane

apteekki
dermanxane

toimisto
ofîs

kirjakauppa
kitêbfiroşî

liike
dikan

kukkakauppa
gulfiroş

supermarketti
bazar

tori
bazar

tavaratalo
supermarket

kalakauppias
masîfiroş

ostoskeskus
navenda kirrîn

satama
bender

puisto
park

penkki
sekû

silta
pir

portaat
derince

metro
jêr erdê

tunneli
tunnel

linja-autopysäkki
îstgeha otobûs

baari
bar

ravintola
xwaringeh

postilaatikko
sindûqa postê

katukyltti
nîşanderka rêyê

parkkimittari
metra parkîngê

eläintarha
baxça heywanan

uimala
hewza melevanî

moskeija
mizgeft

maatila

cotgeh

ympäristön saastuminen

lewitandina derdor

hautausmaa

goristan

kirkko

kenîse

leikkikenttä

erdê leyistinê

temppeli

perestgeh

maisema
tebîet

lehti
gela

tienviitta
nîşanderka rê

tie
rê

niitty
mêrg

kivi
kevir

puu
dar

retkeilijä
gerok

joki
çem

ruoho
giya

kukka
kulîlk

laakso
dol

vuori
gir

järvi
gol

metsä
daristan

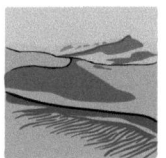

aavikko
beyaban

tulivuori
volkan

linna
keleh

sateenkaari
keskesor

sieni
kivark

palmu
darqesp

hyttynen
mixmixk

kärpänen
mêş

muurahainen
mêrî

mehiläinen
hing

hämähäkki
pîrê

kovakuoriainen

kêzik

sammakko

beq

orava

sihor

siili

jîjok

jänis

kerguh

pöllö

pepûk

lintu

çivîk

joutsen

qû

villisika

berazê kovî

peura

pezkovî

hirvi

pezkovî

pato

bendav

tuulimylly

tûrbîna ba

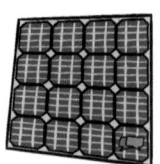

aurinkopaneeli

panela xorê

ilmasto

av û hewa

ravintola
xwaringeh

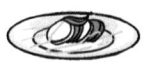

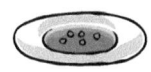

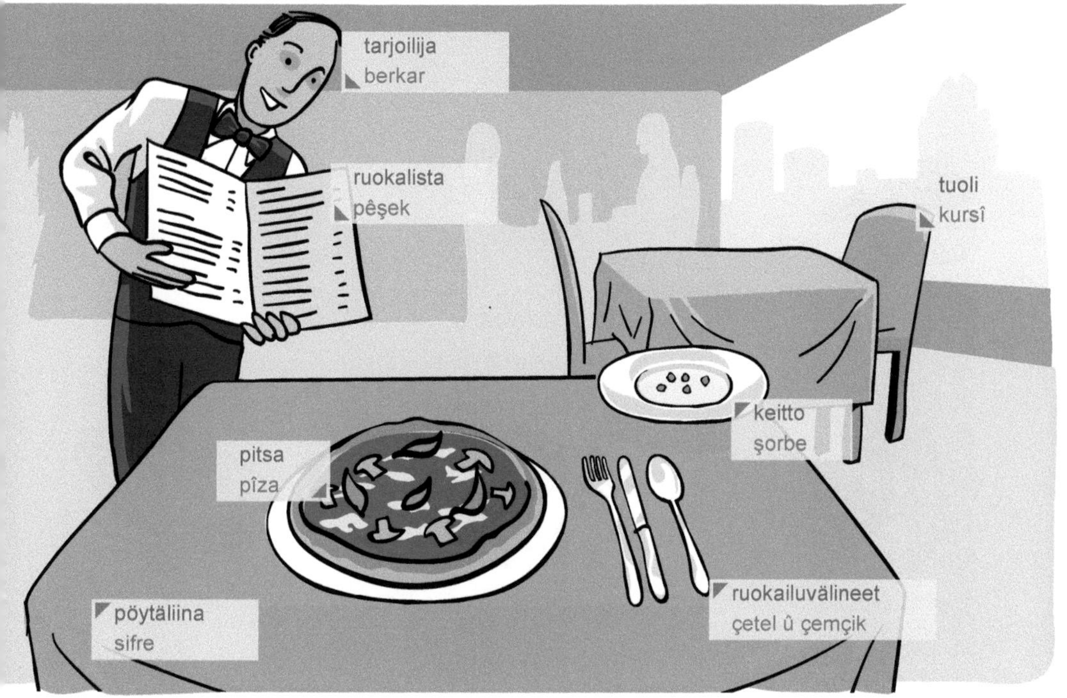

tarjoilija
berkar
ruokalista
pêşek
tuoli
kursî
keitto
şorbe
pitsa
pîza
pöytäliina
sifre
ruokailuvälineet
çetel û çemçik

alkuruoka

xwarina destpêk

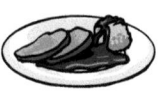

pääruoka

xwarina serekî

jälkiruoka

şêranî

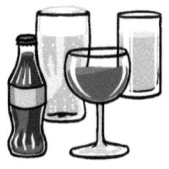

juomat

vexwarinan

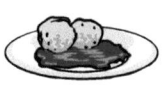

ruoka

xwarin

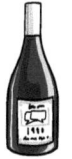

pullo

cam

pikaruoka

xwarina lez

katuruoka

xwarina rêyê

teekannu

çaydanik

sokeriastia

qûtî şekirê

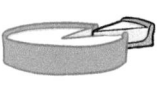

annos

beş

espressokeitin

mekîna çêkirinê espresso

syöttötuoli

kursiya bilînd

lasku

hesab

tarjotin

sênî

veitsi

kêr

haarukka

çetel

lusikka

kevçî

teelusikka

kevçiya çay

servietti

pêşgir

lasi

qedeh

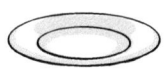

lautanen

teyfik

syvä lautanen

teyfika şorbe

aluslautanen

piyale

kastike

çênc

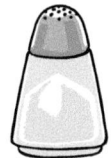

suolasirotin

xwêdank

pippurimylly

qûtî bîbar

etikka

sêk

öljy

rûn

mausteet

biharat

ketsuppi

ketçap

sinappi

mustard

majoneesi

mayonêz

supermarketti

bazar

tarjous
pêşkêşên taybet
FOR
asiakas
mişterî
maitotuotteet
şîremenî
hedelmät
fêkî
ostoskärryt
erebe

BUTCHERS

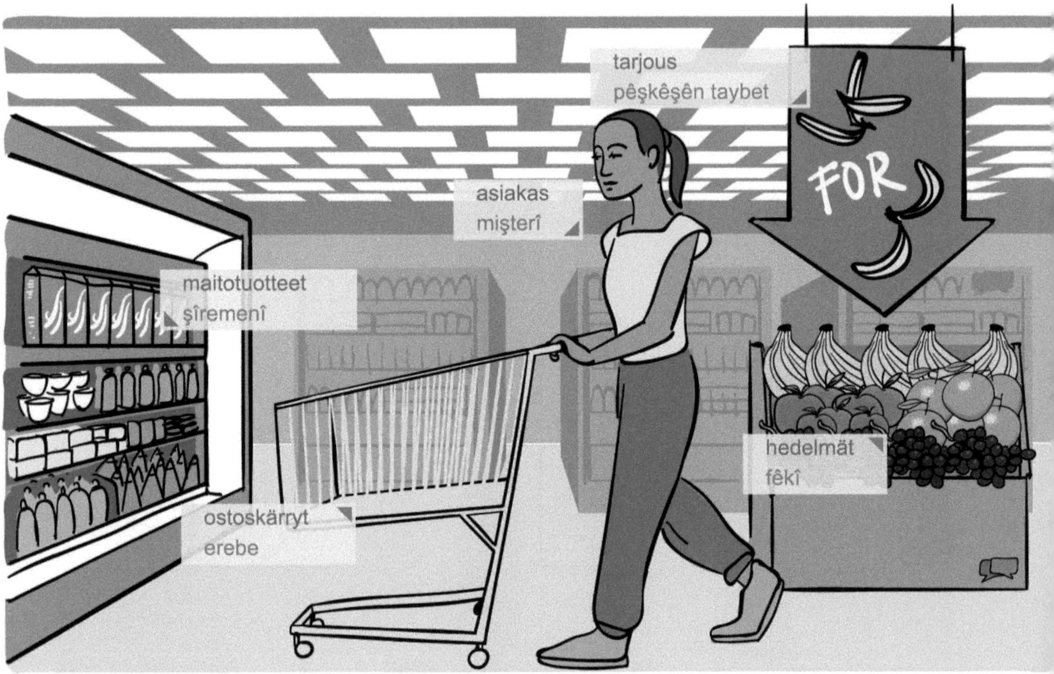

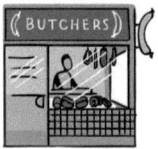

teurastamo

qesabî

BAKERY

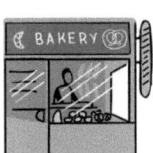

leipomo

dikana nanpêj

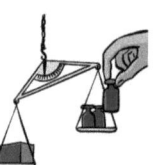

punnita

wezin kirin

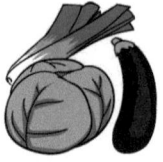

kasvikset

sebze

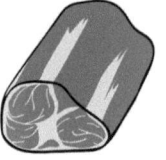

liha

goşt

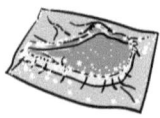

pakasteet

xwarinê cemedî

leikkele

goştê sar

säilykkeet

xwarina pîlê

pesujauhe

xubarê paqijkirinê

makeiset

şirînî

kotitaloustarvikkeet

berhemên navxweyî

puhdistusaineet

berhemên paqijkirinê

myyjä

firoşyar

kassa

xeznok

kassanhoitaja

diravgir

ostoslista

lîsta kirrînê

aukioloajat

demên vekirî

lompakko

cizdan

luottokortti

kartê qerzê

kassi

çewal

muovipussi

çente

vesi
av

mehu
şerbet

maito
şîr

kokis
komir

viini
şerab

olut
bîra

alkoholi
alkol

kaakao
kakwo

tee
çay

kahvi
qehwe

espresso
espresso

cappuccino
kapoçîno

banaani

moz

omena

sêv

appelsiini

pirteqalî

meloni

gundor

sitruuna

lîmon

porkkana

gêzer

valkosipuli

sîr

bambu

qamir

sipuli

pîvaz

sieni

qarçik

pähkinät

gewîz

spagetti

şihîre

spagetti

spagêttî

riisi

birinc

salaatti

selete

ranskalaiset

çîps

paistetut perunat

peteteya biraştî

pitsa

pîza

hampurilainen

hamburger

voileipä

nanok

leike

goştê stûyê berxî

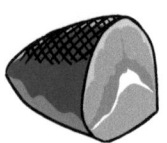

kinkku

goştê hişkkirî

salami

salamê

makkara

sosîs

kana

mirîşk

paisti

bijartin

kala

masî

kaurahiutaleet	mysli	murot
şorbe bilûl	mûslî	kertên gilgilan

jauho	voisarvi	sämpylä
ard	croissant	semûn

leipä	paahtoleipä	keksit
nan	tost	nanik
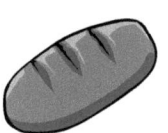	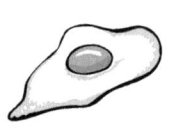	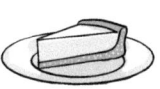
voi	rahka	kakku
nivîşk	mast	kulîçe

kananmuna	paistettu kananmuna	juusto
hêk	hêka qelandî	penîr

jäätelö

dondirme

sokeri

şekir

hunaja

hingiv

hillo

mireba

suklaapähkinälevite

xameya nougat

curry

kurrî

maatila
cotgeh

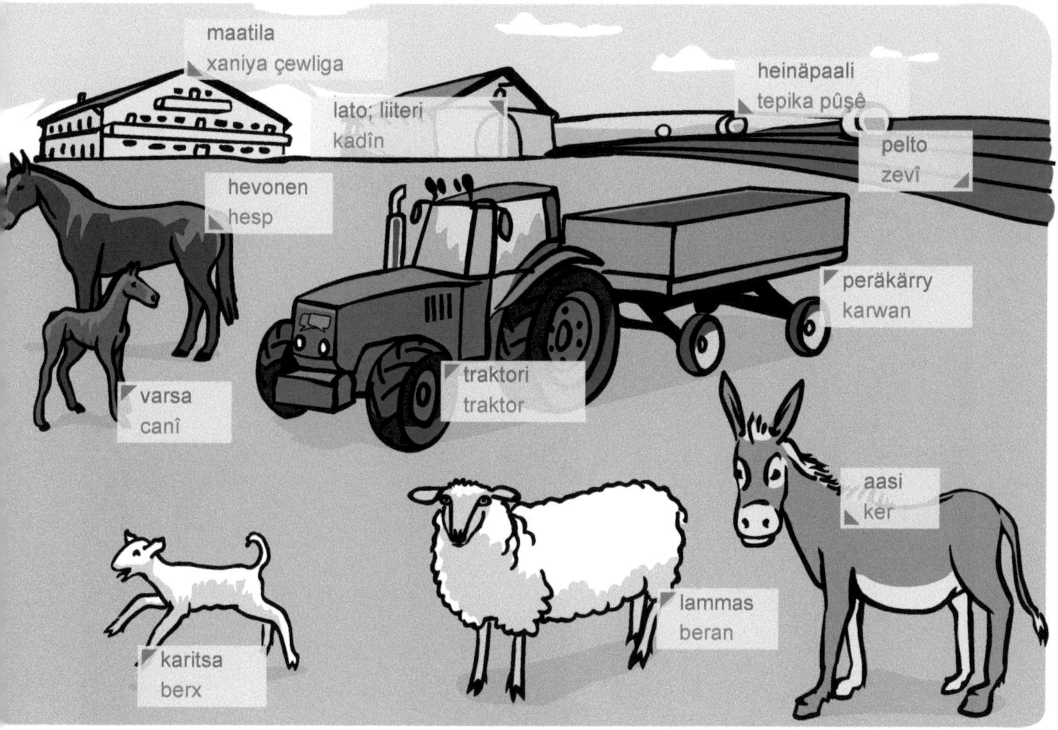
maatila
xaniya çewliga
lato; liiteri
kadîn
heinäpaali
tepika pûşê
pelto
zevî
hevonen
hesp
peräkärry
karwan
traktori
traktor
varsa
canî
aasi
ker
lammas
beran
karitsa
berx

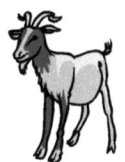

vuohi

bizin

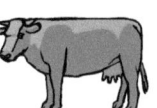

lehmä

çêlek

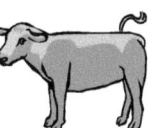

vasikka

golik

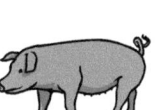

sika

beraz

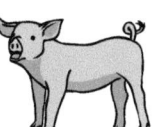

porsas

xinzîrk

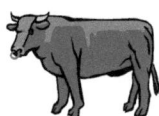

sonni

boxe

hanhi
qaz

ankka
miravî

tipu
cûçik

kana
mirîşk

kukko
keleşêr

rotta
circ

kissa
kitik

hiiri
mişk

härkä
ga

koira
kûçik

koirankoppi
xaniya kûçikê

puutarhaletku
xanî baxê

kastelukannu
qûtîka avdanê

viikate
şalûk

aura
gasin

sirppi

das

kuokka

merbêr

talikko

darsapik

kirves

bivir

kottikärryt

destgere

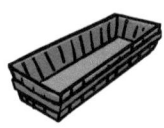

kaukalo

qûtî xwarina candaran

maitokannu

qûtî şîr

säkki

tûr

aita

çeper

talli

axur

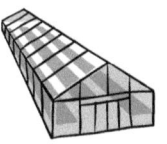

kasvihuone

xana kulîlkan

maa

ax

siemen

dendik

lannoite

peyn

leikkuupuimuri

kombayn

kerätä sato
zad

sato
zad

jamssit
petete

vehnä
genim

soija
fasolî

peruna
petete

maissi
dexl

rypsi
dindik

hedelmäpuu
darê fêkî

maniokki
sêvê bin erdê

vilja
zad

talo
xanî

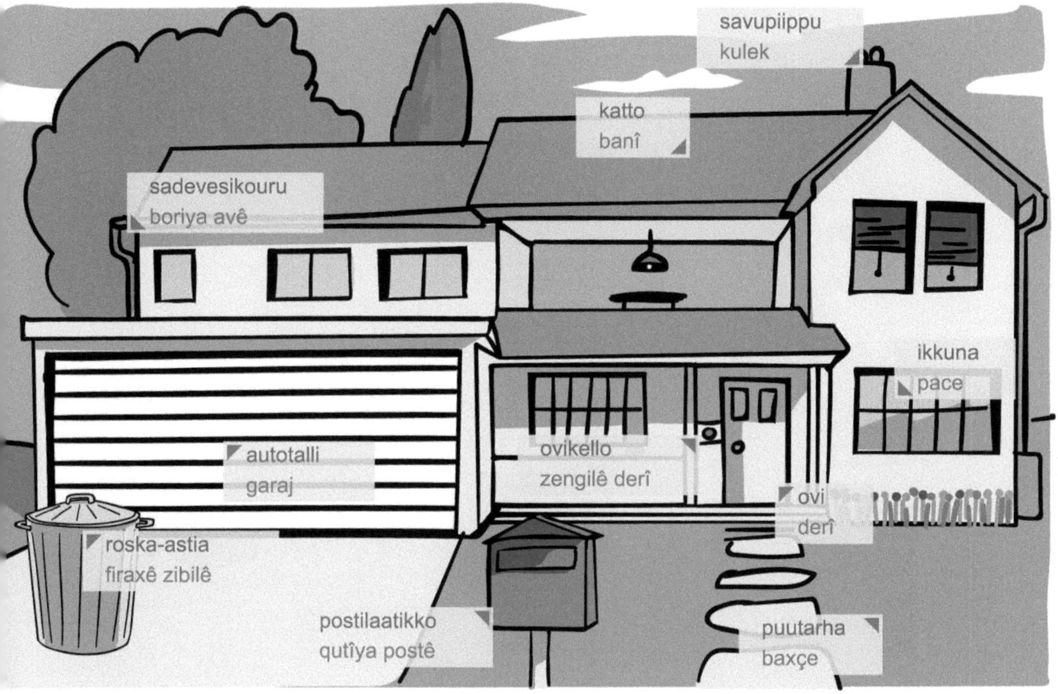

savupiippu
kulek
katto
banî
sadevesikouru
boriya avê
ikkuna
pace
autotalli
garaj
ovikello
zengilê derî
ovi
derî
roska-astia
firaxê zibilê
postilaatikko
qutîya postê
puutarha
baxçe

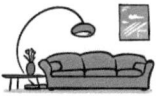

olohuone

oda rûniştinê

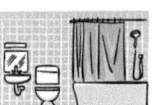

kylpyhuone

hemam

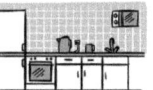

keittiö

metbex

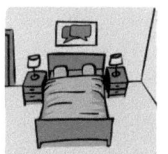

makuuhuone

oda xewê

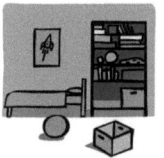

lastenhuone

odeya zarok

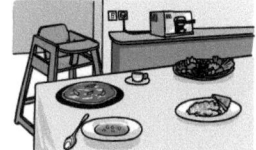

ruokahuone

oda şîvê

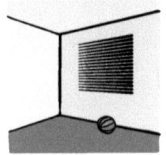

lattia
binî

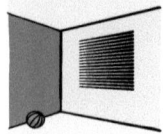

seinä
dîwar

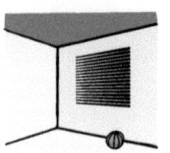

katto
berban

kellari
xenzik

sauna
sauna

parveke
balkon

terassi
berdanik

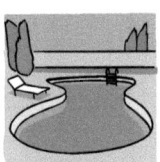

uima-allas
hewza melevanî

ruohonleikkuri
çîmen birr

lakana
melhefe

päiväpeitto
betanî

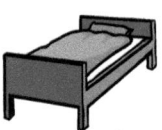

sänky
nivîn

harja
gezik

ämpäri
satil

katkaisin
kilîl

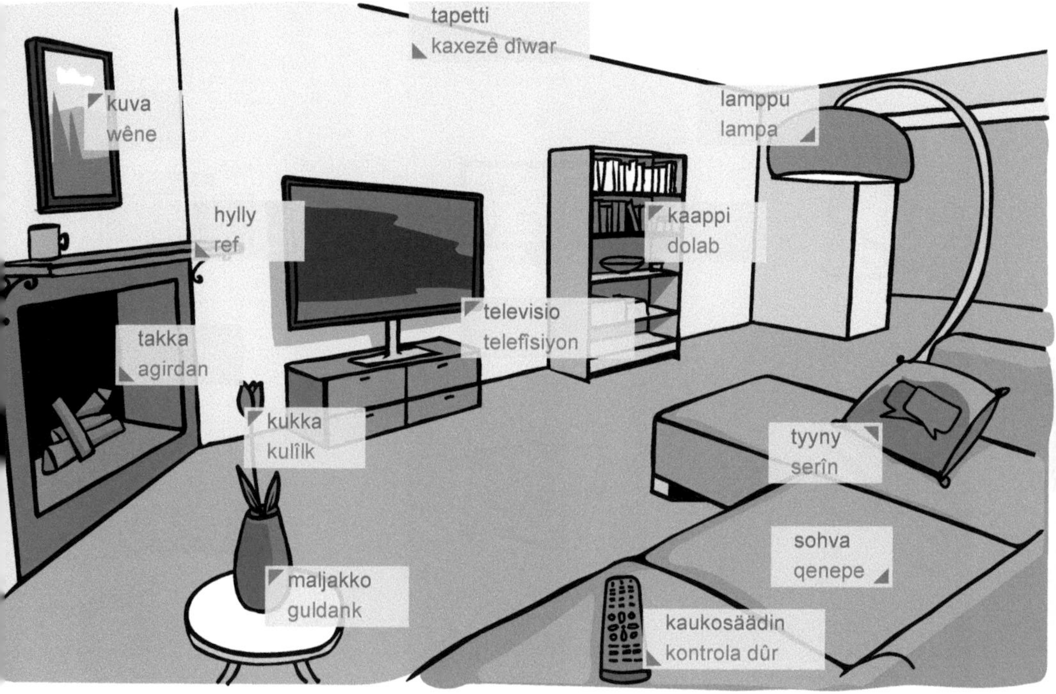

tapetti
kaxezê dîwar

kuva
wêne

lamppu
lampa

hylly
ref

kaappi
dolab

takka
agirdan

televisio
telefîsiyon

kukka
kulîlk

tyyny
serîn

sohva
qenepe

maljakko
guldank

kaukosäädin
kontrola dûr

matto
xalîçe

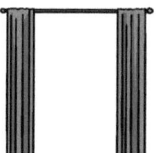

verho
perde

pöytä
mêz

tuoli
kursî

keinutuoli
kursiya hejanok

nojatuoli
kursî

kirja

pirtûk

peitto

betanî

koriste

xemilandin

polttopuut

êzing

elokuva

fîlm

stereot

hi-fi

avain

kilîl

sanomalehti

rojname

maalaus

nîgar

juliste

poster

radio

radyo

muistivihko

defter

pölynimuri

sivnika elektrîkî

kaktus

kaktûs

kynttilä

mom

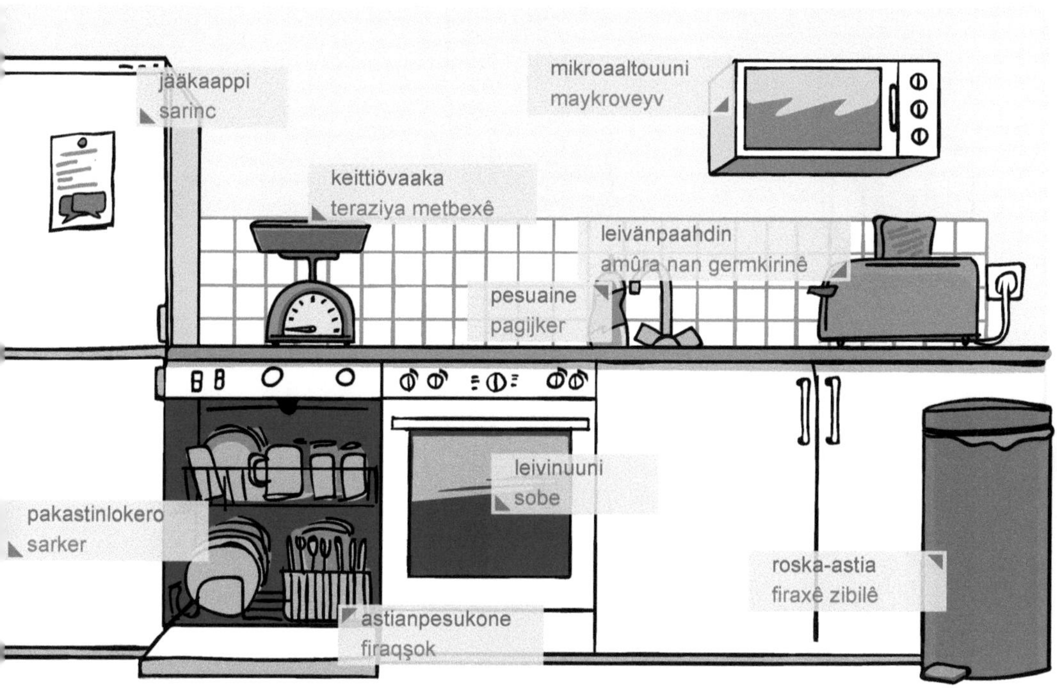

jääkaappi
sarinc

mikroaaltouuni
maykroveyv

keittiövaaka
teraziya metbexê

leivänpaahdin
amûra nan germkirinê

pesuaine
pagijker

pakastinlokero
sarker

leivinuuni
sobe

roska-astia
firaxê zibilê

astianpesukone
firaqşok

liesi
sobe

kattila
aman

rautapata
amaê ûtû

wokkipannu / kadai-pannu
firaqê mezin

paistinpannu
dîzik

teepannu
kelînk

höyrykeitin

firaqê hilmê

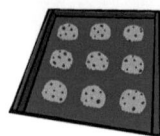

uunipelti

sênî nanê

astiat

firaq

muki

piyale

kulho

kasik

syömäpuikot

darê nanxwarin

kauha

hesk

paistinlasta

kevçiya mezin

vispilä

rînek

siivilä

kefgîr

siivilä

bêjing

raastin

rêşker

mortteli

destar

grilli

biraştin

avotuli

agirê vala

leikkuulauta
texteya birrînê

kaulin
darikê tîrê

korkinavaaja
devik badek

purkki
qûtî

purkinavaaja
qûtîvekir

pannulappu
cawê amanan

lavuaari
destşo

tiskiharja
firçe

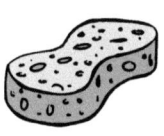

pesusieni
parazoa

tehosekoitin
tevdêr

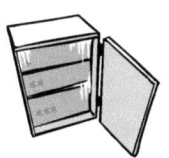

pakastin
sarkerê cemedî

tuttipullo
şûşe bebikan

vesihana
henefî

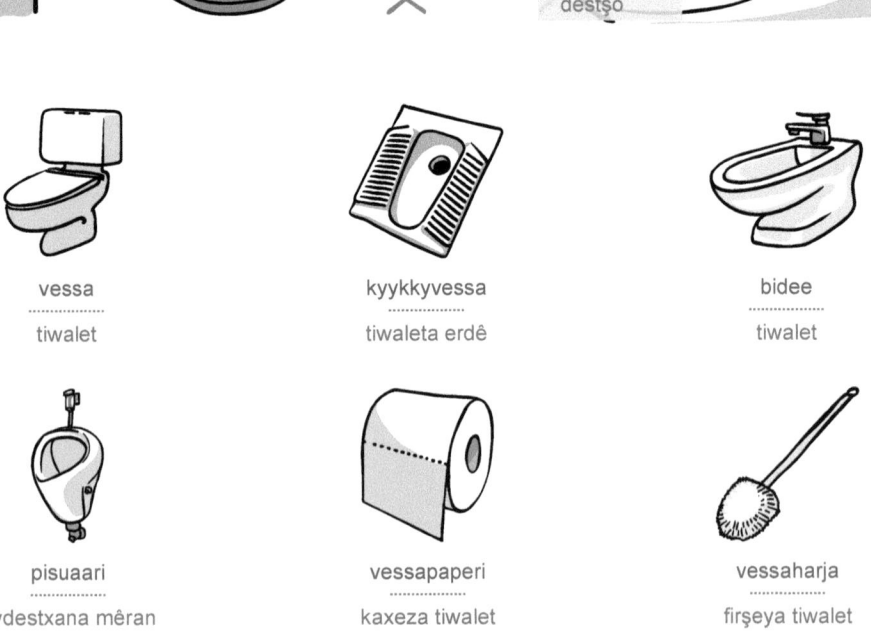

kylpyhuone

hemam

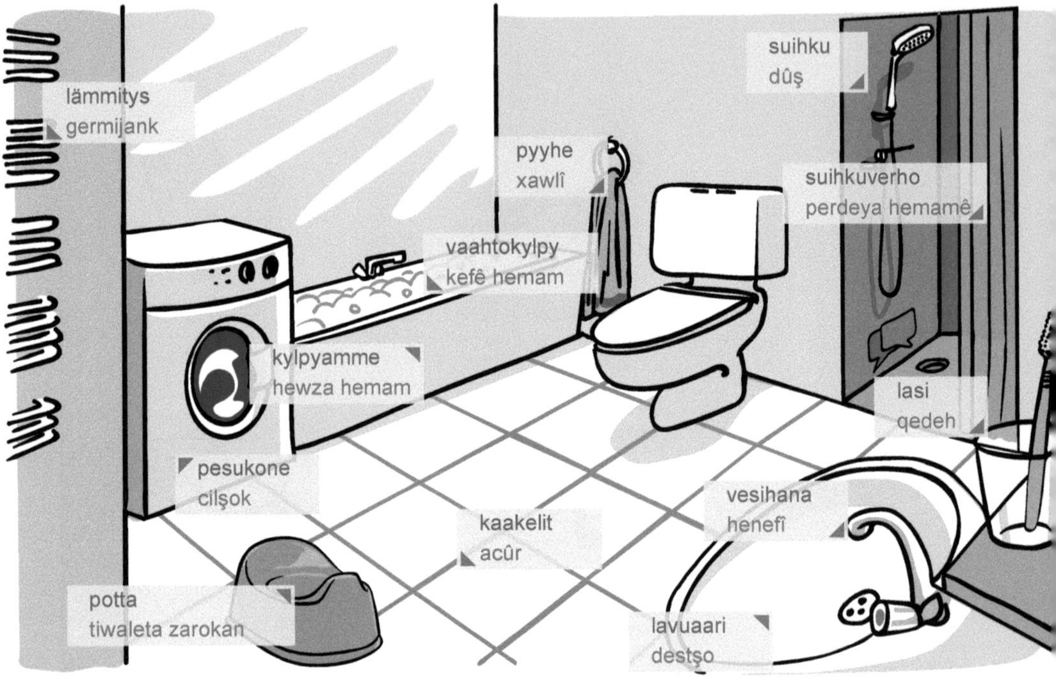

lämmitys
germijank
pyyhe
xawlî
suihku
dûş
suihkuverho
perdeya hemamê
vaahtokylpy
kefê hemam
kylpyamme
hewza hemam
lasi
qedeh
pesukone
cilşok
vesihana
henefî
kaakelit
acûr
potta
tiwaleta zarokan
lavuaari
destşo

vessa

tiwalet

kyykkyvessa

tiwaleta erdê

bidee

tiwalet

pisuaari

avdestxana mêran

vessapaperi

kaxeza tiwalet

vessaharja

firşeya tiwalet

hammasharja

firçeya diran

hammastahna

mecûna diran

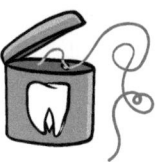

hammaslanka

nexa didan

pestä

şûştin

käsisuihku

dûşê destê

intiimisuihku

dûş

pesuvati

destşo

selkäharja

firça pişt

saippua

sabûn

suihkugeeli

cêlê hemam

shampoo

şampo

pesulappu

fanîle

viemäri

zêrab

voide

kirêm

deodorantti

bêhn xweşkir

peili

mirêk

käsipeili

mirêka destê

partaveitsi

gûzan

partavaahto

kefê teraşînê

partavesi

mecûna piştî teraşînê

kampa

şeh

harja

firçe

hiustenkuivaaja

por hîşikkir

hiuslakka

sipraya porê

meikki

kozmetîk

huulipuna

soravk

kynsilakka

rengê nînok

pumpuli

pembû

kynsisakset

meqesta nînok

hajuvesi

parfûm

kosmetiikkalaukku

çewalê hemamê

jakkara

kursiya bêpişt

vaaka

terazî

kylpytakki

kinca hemamê

kumihansikkaat

lepika lastîkê

tamponi

tampon

terveysside

xawliya paqijkirinê

kemiallinen wc

tiwaleta kîmîyewî

lastenhuone
odeya zarok

herätyskello
demjimêrk
pehmolelu
lîstok
leikkiauto
maşîna lîstok
helistin
xişxişok
nukkekoti
mala lîstok
lahja
xelat

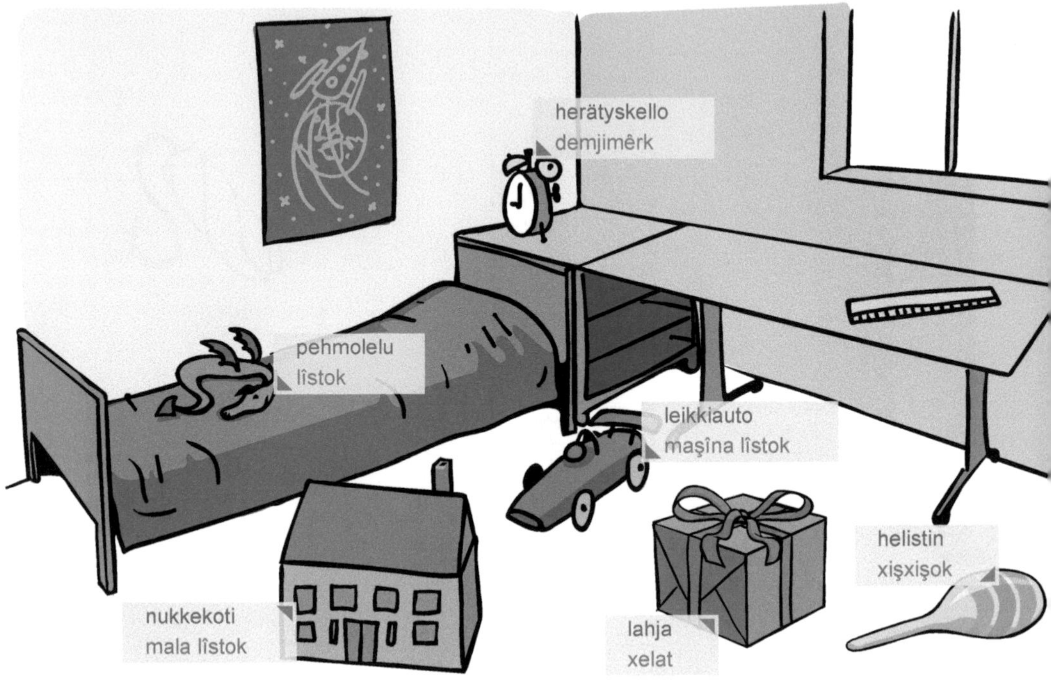

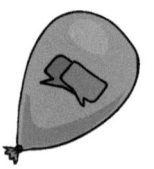

ilmapallo
pifdank

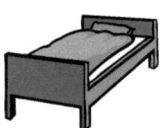

sänky
nivîn

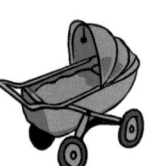

lastenvaunut
koçk

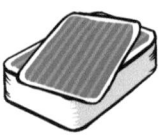

korttipeli
lîstika kartê

palapeli
frîzbî

SUPER MEGA

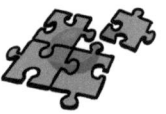

sarjakuva
komîk

legopalikat

acûra lêgo

rakennuspalikat

acûra lîstok

supersankari

bûke şûşe

potkupuku

kinca bebikan

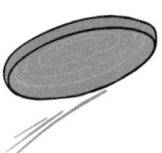

frisbee

frizbee

mobile

veguhestin

lautapeli

lîstikên texte

noppa

mor

pienoisjunarata

modêla trênê

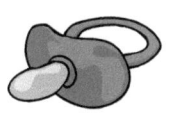

tutti

memik

juhlat

cejn

kuvakirja

kitêba wêne

pallo

top

nukke

bûke şûşe

leikkiä

leyîstin

hiekkalaatikko

kuna xîzê

keinu

colane

lelut

lîstokan

pelikonsoli

lîstika vîdeoyî

kolmipyörä

sêçerxe

nalle

hirça lîstok

vaatekaappi

cildank

vaatteet

kinc

sukat

gore

nylonsukat

gore

sukkahousut

derpêgorê

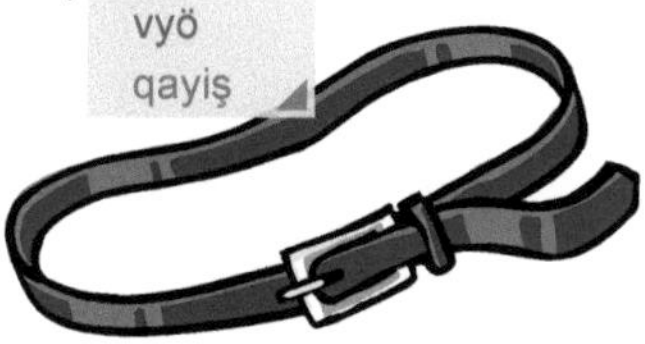

kaulaliina
şal

sateenvarjo
çetir

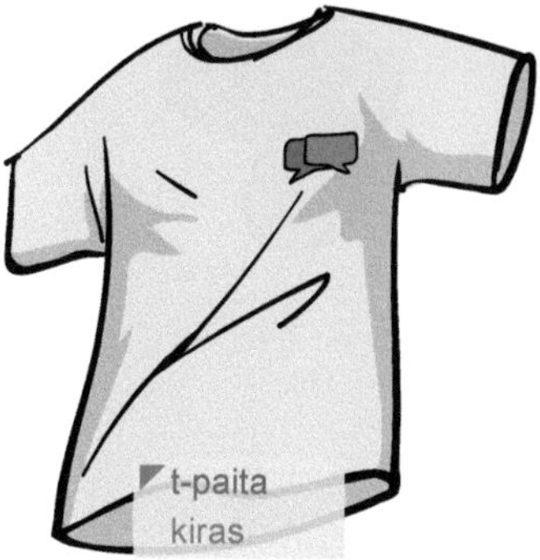

vyö
qayiş

t-paita
kiras

lenkkarit
pêlav

saappaat
şekal

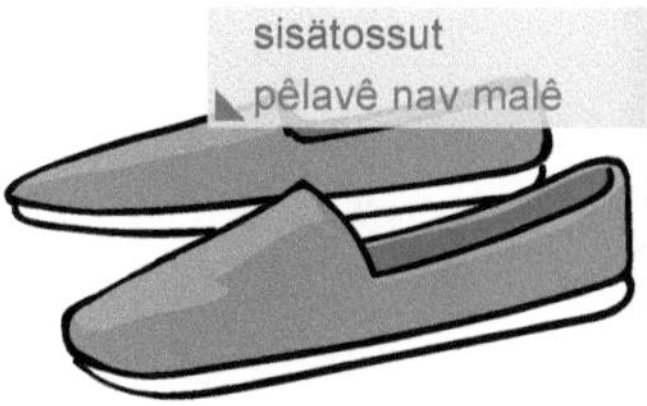

sisätossut
pêlavê nav malê

sandaalit
solik

kengät
sol

kumisaappaat
potîna çermê

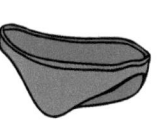

alushousut
pantolê jêr

rintaliivit
pêsîrbend

aluspaita
çekbend

body

cendek

housut

pantol

farkut

jeans

hame

daman

pusero

kiras

paita

kiras

villapaita

fanêle

collegepaita

fanêle

jakku

cakêt

takki

sako

takki

çaket

sadetakki

baranî

puku

lebas

mekko

fîstan

hääpuku

cilê dawetê

46

vaatteet - kinc

puku

kostum

yöpaita

pêcame

pyjama

pêcame

shari

saree

päähuivi

leçik

turbaani

mêzer

burka

hêram

kaftaani

kaftan

abaya

eba

uimapuku

kinca ajnêkirin

uimahousut

cilka melevanî

shortsit

şort

verkkarit

cila hêvojkarî

esiliina

pêşmal

käsineet

lepik

nappi

dûgme

silmälasit

berçavik

rannekoru

bazin

kaulakoru

gerdenî

sormus

gustîl

korvakoru

guhark

lippalakki

devik

ripustin

hilavistek

hattu

kûm

solmio

kirawat

vetoketju

zîp

kypärä

serparêz

henkselit

derzî

koulupuku

kinca dibistanê

univormu

yûnîform

ruokalappu

berdilk

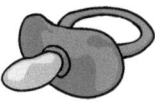

tutti

memik

vaippa

pundax

toimisto
ofîs

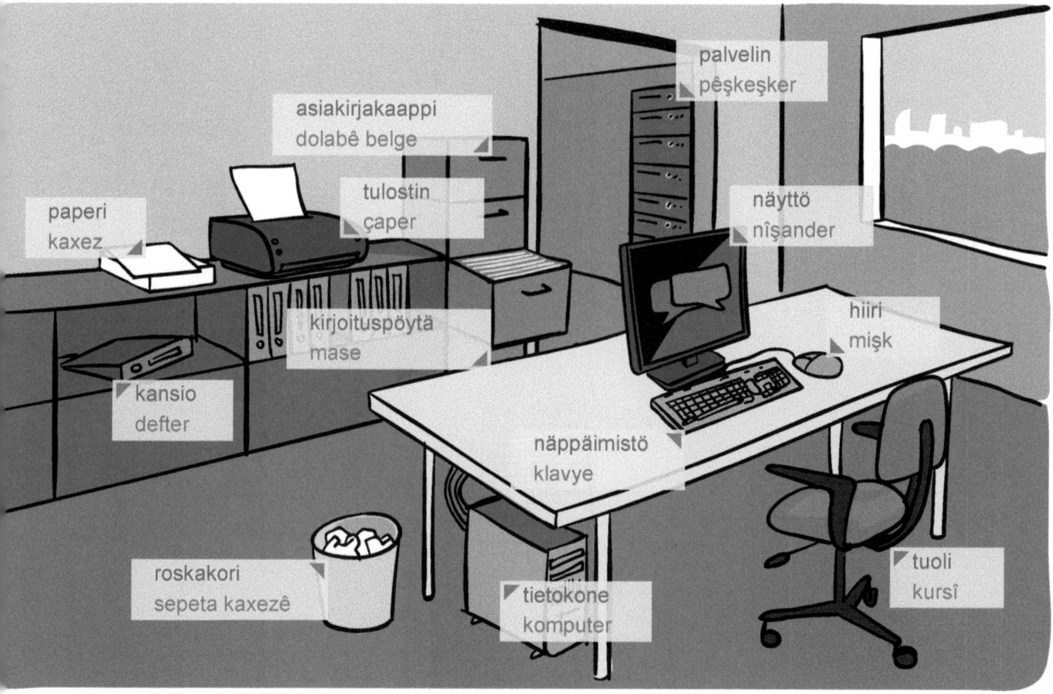

palvelin
pêşkeşker

asiakirjakaappi
dolabê belge

paperi
kaxez

tulostin
çaper

näyttö
nîşander

kirjoituspöytä
mase

hiiri
mişk

kansio
defter

näppäimistö
klavye

roskakori
sepeta kaxezê

tuoli
kursî

tietokone
komputer

kahvimuki

kasika qehwe

taskulaskin

hesabker

internet

înternet

kannettava tietokone

komputera laptop

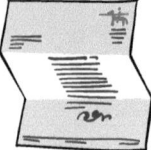

kirje

name

viesti

peyam

kännykkä

telefona mobîl

verkko

tor

kopiokone

mekîna fotokopî

ohjelmisto

software

puhelin

telefon

pistorasia

socketa fîşek

faksi

mekîna faxê

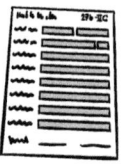

lomake

form

asiakirja

belge

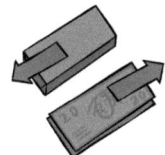

ostaa

standin

maksaa

pere dan

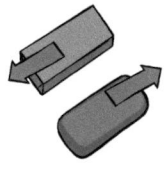

vaihtaa

bazirganî

raha

pere

dollari

dollar

euro

yoro

jeni

yenê Japonê

rupla

roblê Rûsî

frangi

firankê Swîsê

renminbi juan

yuanê Çînê

rupia

rûpee Hindî

pankkiautomaatti

mekîna jixwebera dirav

rahanvaihto

ofîsa pere veguhartinê

kulta

zêrr

hopea

zîv

öljy

neft

energia

wize

hinta

biha

sopimus

peyman

vero

tax

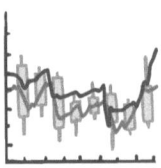

osake

seham

työskennellä

karkirin

työntekijä

karker

työnantaja

karda

tehdas

fabrîka

liike

dikan

poliisi
polîs

palomies
agirkuj

kokki
aşbaz

lääkäri
bijîşk

lentäjä
firokevan

puutarhuri
baxçevan

puuseppä
necar

ompelija
dirûnvan

tuomari
hakim

kemisti
şîmyazan

näyttelijä
şanoger

linja-autonkuljettaja

şufêrê basê

taksinkuljettaja

şufêrekî taksiyê

kalastaja

masîvan

siivooja

pagijker

katontekijä

çêkirê banî

tarjoilija

berkar

metsästäjä

nêçirvan

maalari

rengrês

leipuri

nanpêj

sähköasentaja

karebavan

rakentaja

avaker

insinööri

endezyar

teurastaja

qesab

putkiasentaja

lûlekar

postinjakaja

postevan

sotilas

esker

arkkitehti

mîmar

kassanhoitaja

diravgir

floristi

firotkara çîçekan

kampaaja

porçêker

konduktööri

ajovan

mekaanikko

mekanîk

kapteeni

keştîvan

hammaslääkäri

pizîşka didanan

tiedemies

zanistyar

rabbi

rûhan

imaami

îmam

munkki

keşe

pappi

keşîş

työkalut
amûran

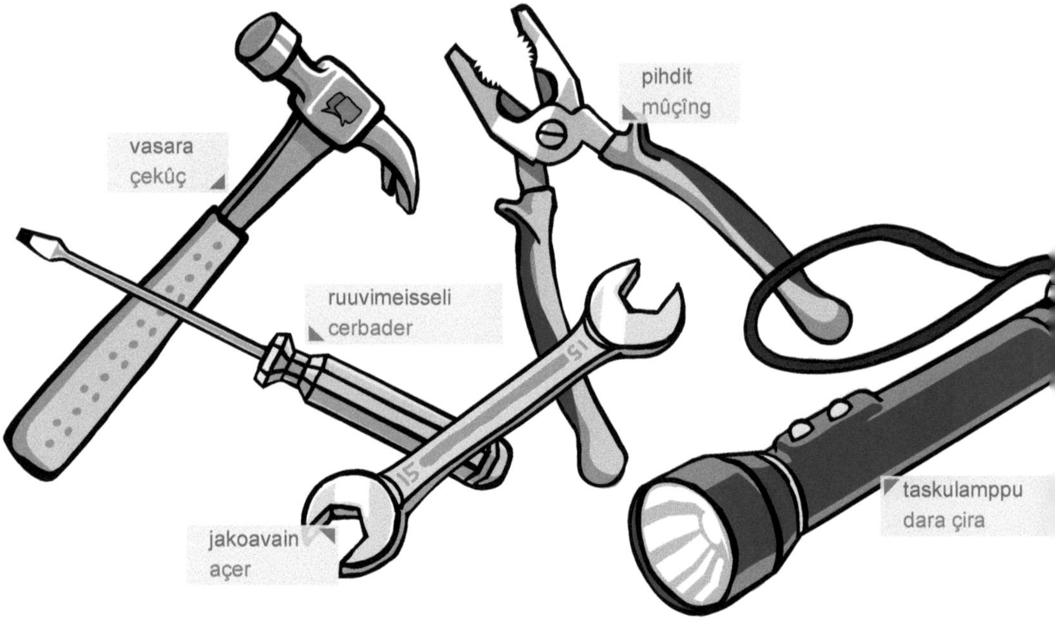

vasara
çekûç
pihdit
mûçîng
ruuvimeisseli
cerbader
jakoavain
açer
taskulamppu
dara çira

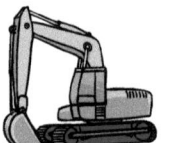

kaivinkone
şofel

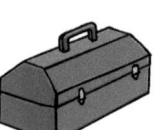

työkalupakki
qûtiya amûran

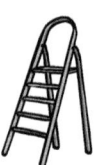

tikkaat
peyje

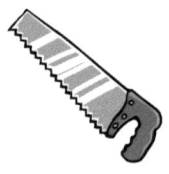

saha
mişar

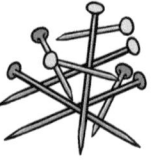

naulat
mîx

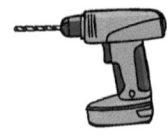

pora
qulkirin

korjata
çêkirin

lapio
merbêr

Hitto!
nalet!

rikkalapio
bêl

maalipurkki
qûtiya rengê

ruuvit
cerr

soittimet
amûrên mûzîkê

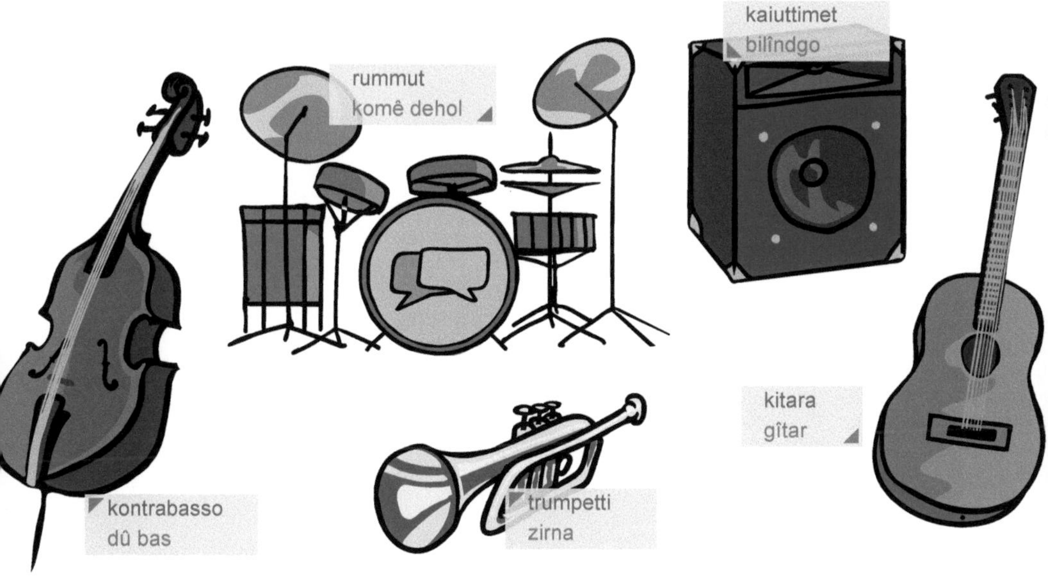

kaiuttimet
bilîndgo

rummut
komê dehol

kitara
gîtar

kontrabasso
dû bas

trumpetti
zirna

piano

piyano

viulu

viyolîn

basso

bas

patarummut

dehol

rumpu

dahol

kosketinsoitin

keyboard

saksofoni

saksofon

huilu

bilûr

mikrofoni

mîkrofon

eläintarha
baxça heywanan

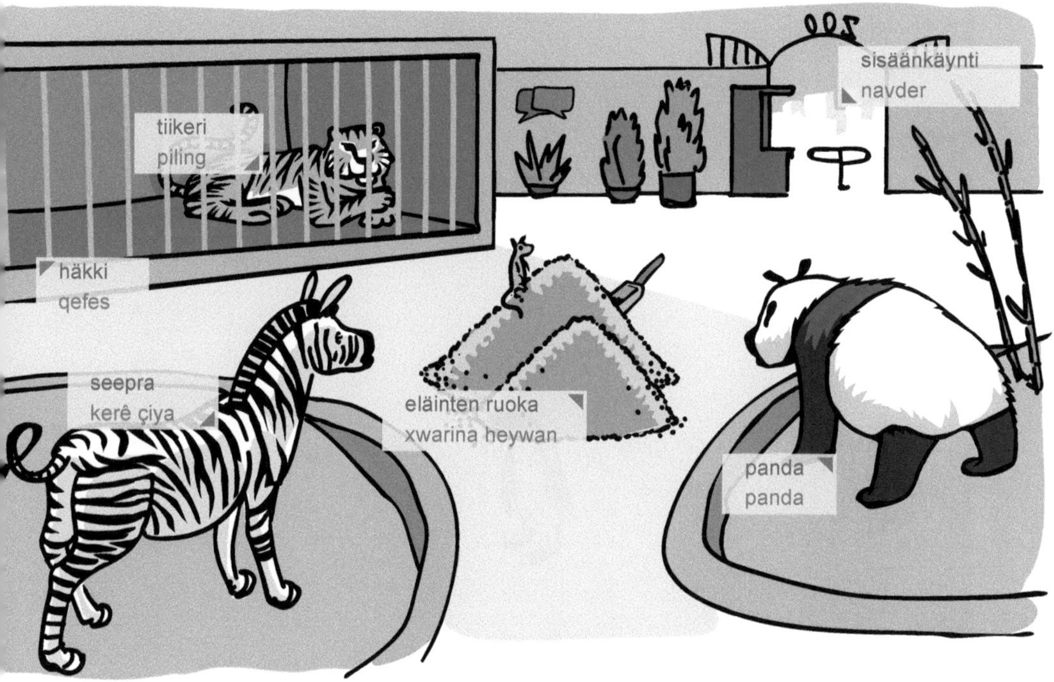

tiikeri
piling
häkki
qefes
sisäänkäynti
navder
seepra
kerê çiya
eläinten ruoka
xwarina heywan
panda
panda

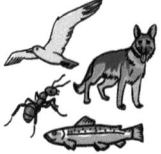

eläimet
heywan

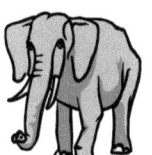

norsu
fîl

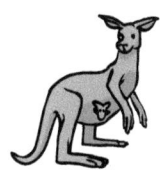

kenguru
kangarû

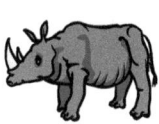

sarvikuono
kerkeden

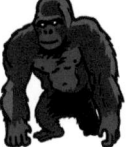

gorilla
gorîl

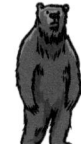

karhu
hirç

kameli

hêştir

strutsi

hêştirme

leijona

şêr

apina

meymûn

flamingo

flamîngo

papukaija

papaxan

jääkarhu

hirça cemserî

pingviini

penguîn

hai

semasî

riikinkukko

tawûs

käärme

mar

krokotiili

timsah

eläintarhanhoitaja

parêzera baxça ajalan

hylje

seya derya

jaguaari

piling

poni

hesp

leopardi

piling

virtahepo

hespê rûbar

kirahvi

canhêştir

kotka

helo

villisika

berazê kovî

kala

masî

kilpikonna

kûsî

mursu

walras

kettu

rovî

gaselli

xezal

amerikkalainen jalkapallo
fûtbolê Amerîka

pyöräily
bisiklêtan

tennis
tenîs

koripallo
baskêtbol

uinti
avjenîkirin

nyrkkeily
boxing

jääkiekko
hokeya ser cemedê

jalkapallo
fûtbol

sulkapallo
badminton

yleisurheilu
yê atletîzmê

käsipallo
hendbol

hiihto
befirajotin

poolo
polo

aktiviteetit

çalakiyan

nauraa
kenîn
hypätä
hilpeke
halata
hembêz
kävellä
birêveçûn
laulaa
lawje gutin
unelmoida
xewn dîtin
rukoilla
nimêj kirin
suudella
maçkirin

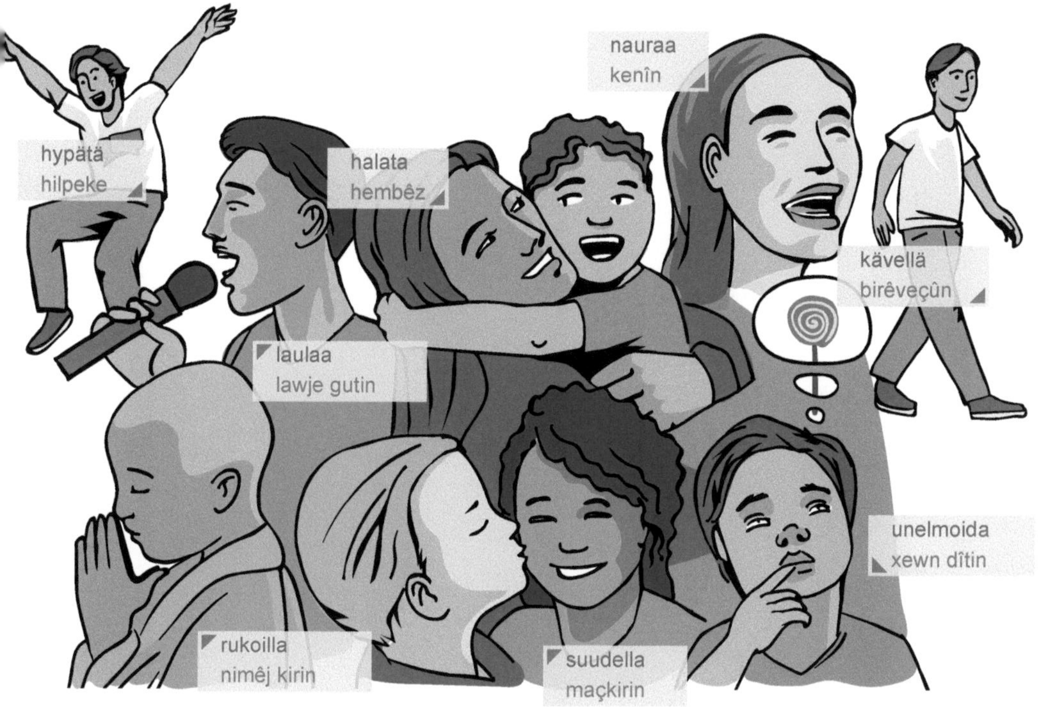

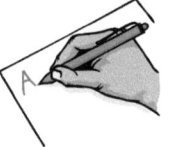

kirjoittaa

nivîsandin

piirtää

nîgar kêşan

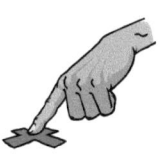

näyttää

nîşan dan

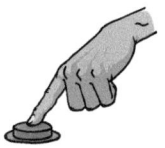

painaa

paldan

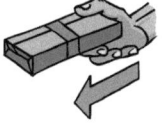

antaa

dayîn

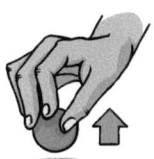

ottaa

rakirin

omistaa
heyîn

tehdä
kirin

olla
bûn

seisoa
sekinîn

juosta
bazdan

vetää
kişandin

heittää
avêtin

kaatua
ketin

maata
derew kirin

odottaa
sekinîn

kantaa
guhêztin

istua
rûniştin

pukeutua
cil berkirin

nukkua
razan

herätä
rabûn

katsoa

mêze kirin

itkeä

girîn

silittää

celte

kammata

şe kirin

puhua

peyvîn

ymmärtää

famkirin

kysyä

pirskirin

kuunnella

bihîstin

juoda

vexwarin

syödä

xwarin

siivota

kom kirin

rakastaa

hezkirin

keittää

xwarin çêkirin

ajaa

ajotin

lentää

firrîn

purjehtia

kesştîvanî

laskea

hesibandin

lukea

xwandin

oppia

hînbûn

työskennellä

karkirin

mennä naimisiin

zewicîn

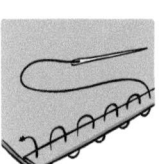

ommella

dirûtin

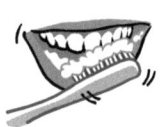

pestä hampaat

didan şûtin

tappaa

kuştin

tupakoida

dûxan

lähettää

şandin

perhe
malbat

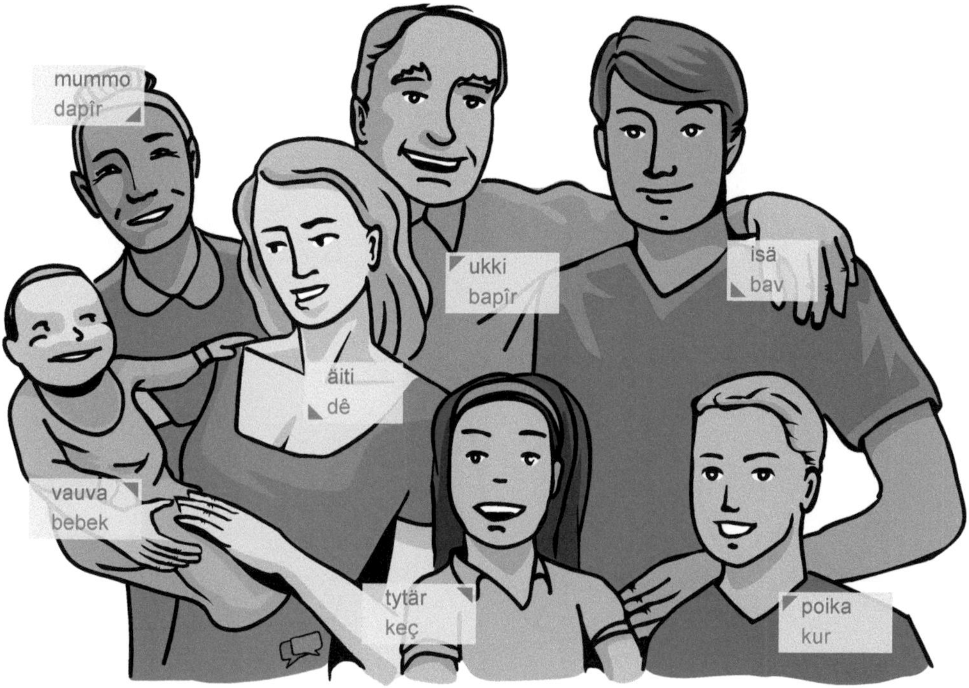
mummo
dapîr
ukki
bapîr
isä
bav
äiti
dê
vauva
bebek
tytär
keç
poika
kur

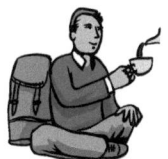

vieras
mêvan

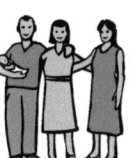

täti
met

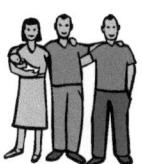

setä
ap/xal

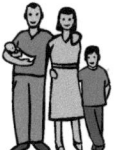

veli
bira

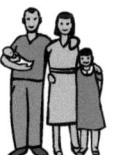

sisko
xwişl

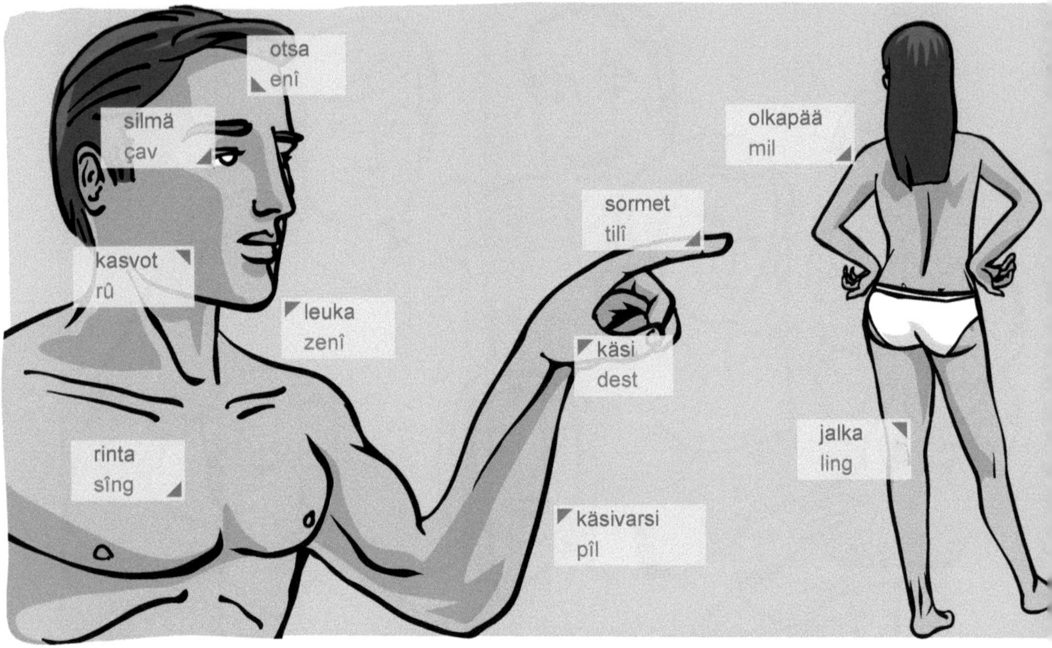

otsa
enî

silmä
çav

olkapää
mil

sormet
tilî

kasvot
rû

leuka
zenî

käsi
dest

rinta
sîng

jalka
ling

käsivarsi
pîl

vauva
bebek

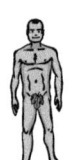

mies
mêr

nainen
jin

tyttö
keç

poika
kor

pää
ser

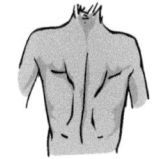

selkä

pişt

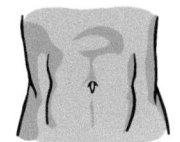

maha

zik

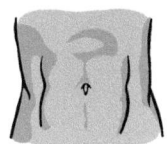

napa

navik

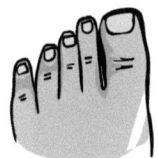

varvas

tilîya pê

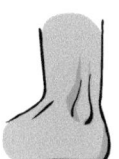

kantapää

panî

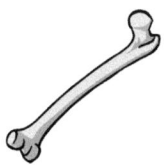

luu

hestî

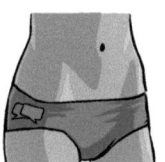

lantio

kûlîmek

polvi

jûnî

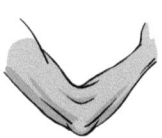

kyynärpää

enîşk

nenä

difn

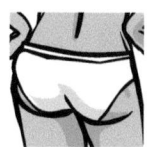

takapuoli

qûn

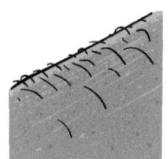

iho

çerm

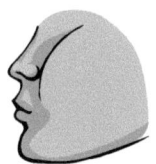

poski

rû

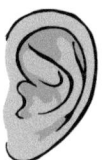

korva

gûh

huuli

lêv

vartalo - beden
69

suu

dev

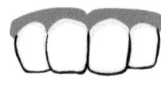

hammas

diran

kieli

ziman

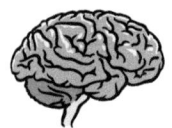

aivot

mêjî

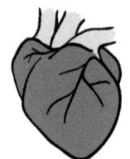

sydän

dil

lihas

masûl

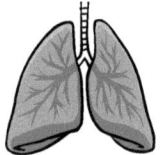

keuhkot

cîgera spî

maksa

ceger

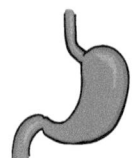

vatsa

made

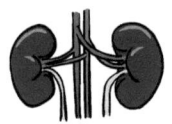

munuaiset

gûrçikan

seksi

cotbûn

kondomi

kondom

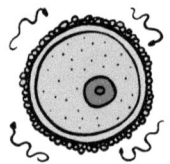

munasolu

hêk

sperma

tov

raskaus

dûcanî

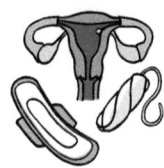

kuukautiset

ade

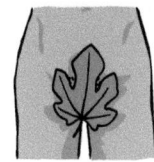

vagina

qûz

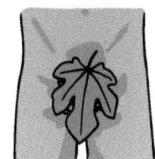

penis

kîr

kulmakarvat

birû

hiukset

por

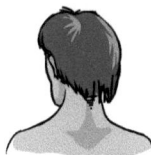

niska

hûstû

sairaala
nexweşxane

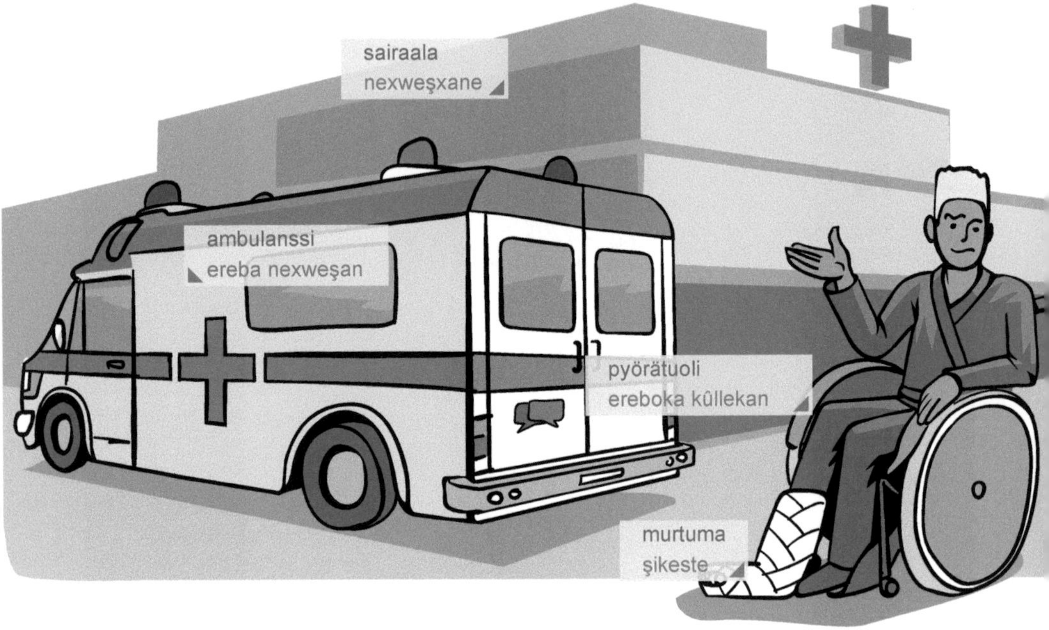

sairaala
nexweşxane
ambulanssi
ereba nexweşan
pyörätuoli
ereboka kûllekan
murtuma
şikeste

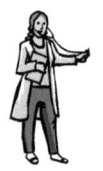

lääkäri

bijîşk

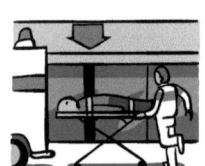

ensiapu

oda lezgînê

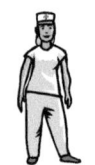

sairaanhoitaja

nexweşyar

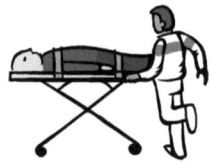

hätätilanne

acîlîyet

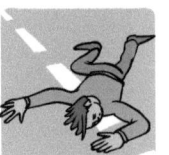

tajuton

bêhay

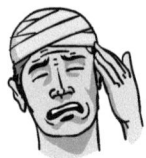

kipu

êş

vamma

birîn

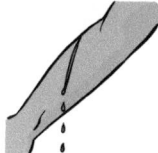

verenvuoto

xwînpijan

sydänkohtaus

hêrişa dilî

aivoinfarkti

celte

allergia

alerjî

yskä

kuxik

kuume

ta

flunssa

zikam

ripuli

navçûyin

päänsärky

serêş

syöpä

qansêr

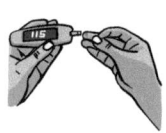

diabetes

nexweşiya şekirê

kirurgi

emelîkar

veitsi

skalpêl

leikkaus

emelî

ct

CT

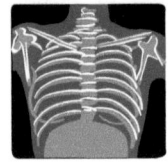

röntgen

sûretê rontgên

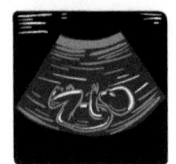

ultraääni

ûltrasawnd

maski

maskê rûyê

sairaus

nexweşî

odotushuone

oda sekinînê

sauva

goçan

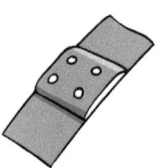

laastari

şêl

side

paçê birînpêçanê

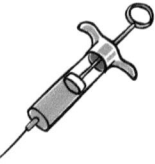

pistos

derzî

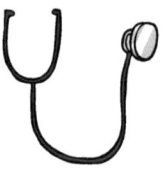

stetoskooppi

bîstoka pizîşkî

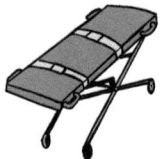

paarit

darbest

kuumemittari

têhnpîva klînîkê

syntymä

zayîn

ylipaino

qelew

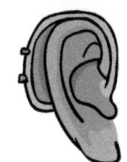

kuulolaite

alîkariya bihîstinê

desinfiointiaine

bakterîkuj

infektio

kotîbûn

virus

vîrûs

HIV / AIDS

HIV / AIDS

lääke

derman

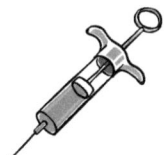

rokotus

kutan

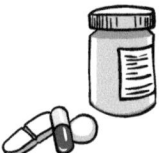

tabletit

heban

pilleri

heb

hätäpuhelu

lezgîn

verenpainemittari

dîmenderê pesto xwîn

sairas / terve

nexweş / sax

sairaala - nexweşxane

Apua!

Hewar!

hälytys

alarm

ryöstö

êrîş

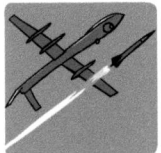

hyökkäys

êrîşkirin

vaara

talûk

hätäuloskäynti

derketina acil

Tulipalo!

agir!

palosammutin

agir vemirandinê

onnettomuus

qeza

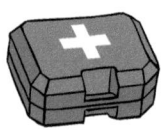

ensiapulaukku

aletên alîkariya yekem

SOS

SOS

poliisilaitos

polîs

Eurooppa

Ewropa

Pohjois-Amerikka

Amerîkaya Bakûr

Etelä-Amerikka

Amerîkaya Başûr

Afrikka

Afrîka

Aasia

Asya

Australia

Awustralya

Atlantin valtameri

Atlantîk

Tyynimeri

Okyanûsa Mezin

Intian valtameri

Okyanûsa Hindî

Eteläinen jäämeri

Okyanûsa Antarktîka

Pohjoinen jäämeri

Okyanûsa Arktîk

pohjoisnapa

Cemsera Bakûr

etelänapa

Cemsera Başûr

Antarktis

Antarktîka

maa

erd

maa

ax

meri

behir

saari

dûrge

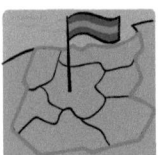

kansa

milllet

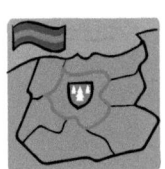

osavaltio

welat

kellotaulu

rûyê saet

tuntiviisari

nişanderka demjimêr

minuuttiviisari

nişanderka deqe

sekuntiviisari

nişanderka saniye

Paljonko kello on?

Seet çende?

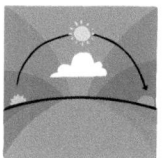

päivä

roj

aika

dem

nyt

niha

digitaalikello

saetê dicîtal

minuutti

deqe

tunti

seet

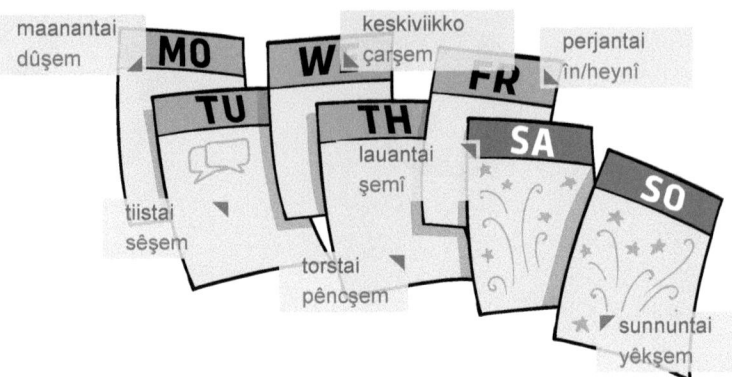

maanantai
dûşem

keskiviikko
çarşem

perjantai
în/heynî

tiistai
sêşem

torstai
pêncşem

lauantai
şemî

sunnuntai
yêkşem

eilen

duh

tänään

îro

huomenna

sibey

aamu

sibe

keskipäivä

nîvro

ilta

êvar

MO	TU	WE	TH	FR	SA	SU
1	2	3	4	5	6	7
8	9	10	11	12	13	14
15	16	17	18	19	20	21
22	23	24	25	26	27	28
29	30	31	1	2	3	4

työpäivät

rojên karê

MO	TU	WE	TH	FR	SA	SU
1	2	3	4	5	6	7
8	9	10	11	12	13	14
15	16	17	18	19	20	21
22	23	24	25	26	27	28
29	30	31	1	2	3	4

viikonloppu

dawiya hefte

vuosi
sal

sade
baran
sateenkaari
keskesor
tuuli
ba
lumi
befir
kevät
bihar
syksy
payîz
kesä
havîn
talvi
zivistan

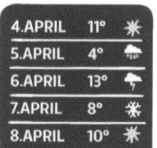

4.APRIL 11°
5.APRIL 4°
6.APRIL 13°
7.APRIL 8°
8.APRIL 10°

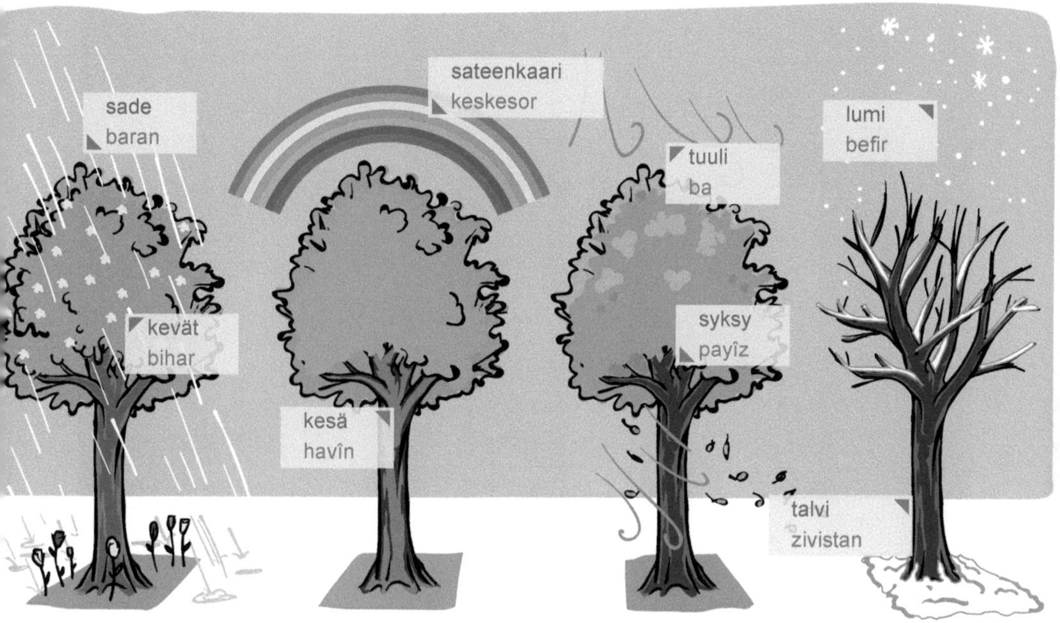

sääennuste
....
pêşbîniya hewa

F C
120 90 60 30 0 -30
40 30 20 10 0 -10 -20

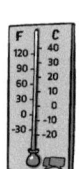

lämpömittari
....
tehnpîv

auringonpaiste
....
tav

pilvi
....
hewr

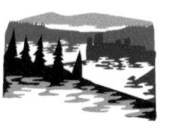

sumu
....
mij

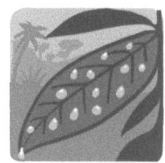

ilmankosteus
....
hêmî

salama

birq

ukkonen

brûsk

myrsky

tofan

rae

terg

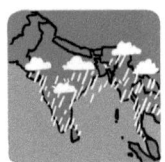

monsuuni

mansûn

tulva

lehî

jää

cemed

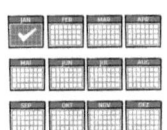

tammikuu

rêbendan

helmikuu

reşeme

maaliskuu

newroz

huhtikuu

gulan

toukokuu

cozerdan

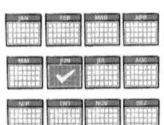

kesäkuu

pûşper

heinäkuu

gelawêj

elokuu

xermanan

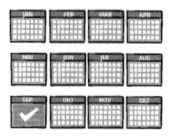

syyskuu

rezber

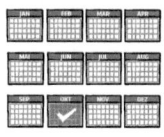

lokakuu

kewçêr

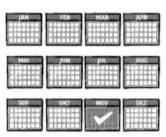

marraskuu

sermawez

joulukuu

befranbar

muodot
şêwe

ympyrä

çember

neliö

çarçik

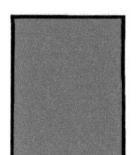

suorakulmio

çarqozî

kolmio

sêqozî

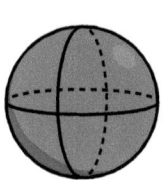

pallo

qada

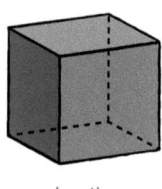

kuutio

xiştek

valkoinen

sipî

keltainen

zer

oranssi

pirteqalî

vaaleanpunainen

pembe

punainen

sor

violetti

mor

sininen

şîn

vihreä

kesik

ruskea

qehweyî

harmaa

gewr

musta

reş

paljon / vähän

zor / kêm

vihainen / ystävällinen

bi hêrs / bêdeng

kaunis / ruma

bedew / nerind

alku / loppu

destpêk / dawî

suuri / pieni

mezin / biçûk

vaalea / tumma

ronî / tarî

veli / sisko

brak / xwişk

puhdas / likainen

pagij / girêj

täydellinen / epätäydellinen

tevî / netemam

päivä / yö

roj / şev

kuollut / elävä

mirî / zindî

leveä / kapea

fire / teng

syötävä / syömäkelvoton

xweş / nexweş

paha / kiltti

nebaş / baş

innostunut / tylsistynyt

bi heyecan / aciz

lihava / laiha

qelew / zirav

ensimmäinen / viimeinen

yekemîn / dawîn

ystävä / vihollinen

heval / dijmin

täysi / tyhjä

tijî / vala

kova / pehmeä

req / nerm

painava / kevyt

giran / sivik

nälkä / jano

birçî / tînî

sairas / terve

nexweş / sax

laiton / laillinen

neqanûnî / qanûnî

älykäs / tyhmä

rewşenbîr / balûle

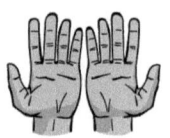

vasen / oikea

çep / rast

lähellä / kaukana

nêzî / dûr

uusi / käytetty

nû / bikarhatî

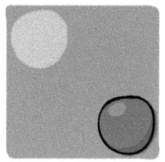

ei mitään / jotain

hîç / tiştek

vanha / nuori

kal / ciwan

päällä / pois päältä

li / ji

auki / kiinni

vekirî / girtî

hiljainen / äänekäs

aram / dengbilind

rikas / köyhä

dewlemend / reben

oikein / väärin

rast / şaş

karhea / sileä

dirr / hilû

surullinen / iloinen

xemgîn / şa

lyhyt / pitkä

kurt / dirêj

hidas / nopea

hêdî / zû

märkä / kuiva

şil / ziwa

lämmin / viileä

germ / hênik

sota / rauha

şerr / aşitî

0	**1**	**2**
nolla	yksi	kaksi
sifir	yek	dû

3	**4**	**5**
kolme	neljä	viisi
sê	çar	pênc

6	**7**	**8**
kuusi	seitsemän	kahdeksan
şeş	heft	heşt

9	**10**	**11**
yhdeksän	kymmenen	yksitoista
neh	deh	yazde

12
kaksitoista
dazde

13
kolmetoista
sêzde

14
neljätoista
çarde

15
viisitoista
pazde

16
kuusitoista
şazde

17
seitsemäntoista
hefde

18
kahdeksantoista
hejde

19
yhdeksäntoista
nozdeh

20
kaksikymmentä
bîst

100
sata
sed

1.000
tuhat
hezar

1.000.000
miljoona
milyon

englanti

Inglîzî

amerikanenglanti

Inglîziya Amerîkî

mandariinikiina

Çînî Mandarîn

hindi

Hindî

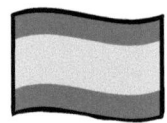

espanja

Îspanyolî

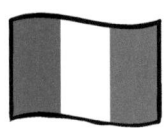

ranska

Frensî

arabia

Erebî

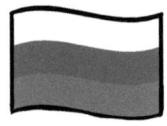

venäjä

Rûsî

portugali

Portugalî

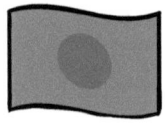

bengali

Bengalî

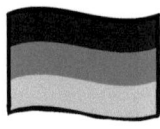

saksa

Elmanî

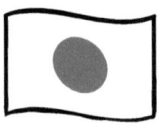

japani

Japonî

minä

min

sinä

tu

hän

ew / ev / ew

me

em

te

tu

he

ew

kuka?

kî?

mitä / mikä?

çi?

miten?

çawa?

missä?

kû?

milloin?

kengî?

nimi

nav

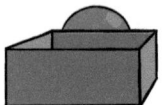

takana

piştî

sisällä

li

edessä

pêşî

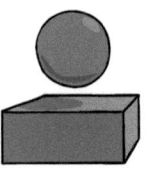

yläpuolella

ser

päällä

ser

alapuolella

bin

vieressä

kêlek

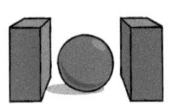

välissä

navber

paikka

cih